부활의 방식

서연정 시조집

시와사람

부활의 방식

2024년 9월 15일 인쇄
2024년 9월 20일 발행

지은이 서연정

펴낸이 강경호 편집장 강나루 디자인 정찬애
펴낸곳 도서출판 시와사람
등록 1994년 6월 10일 제 05-01-0155호
주소 광주시 동구 양림로119번길 21-1(학동)
전화 (062)224-5319 E-mail jcapoet@hanmail.net

ISBN 978-89-5665-738-7 03810

값 12,000원

＊잘못된 책은 구입하신 서점에서 바꾸어 드립니다.
＊2023 광주광역시문화예술상 문학분야 창작활동 지원금으로 제작하였습니다.

이 도서의 국립중앙도서관 출판예정도서목록(CIP)은
서지정보유통지원시스템 홈페이지(http://seoji.nl.go.kr)와
국가자료종합목록 구축시스템(http://kolis-net.nl.go.kr)에서
이용하실 수 있습니다.

ⓒ 서연정, 2024
이 책의 저작권은 저자에게 있습니다.
저작권에 의해 보호를 받는 저작물이므로
출판사와 저자의 허락 없이 무단 전재와 복제를 금합니다.

부활의 방식

■ 시인의 말

아홉 번째 나오는 시조집이다.

동네에 딱 한 집, 전화기가 있었다. 급할 땐 그 집 전화기로 동네 밖과 소통했다.
동네에 딱 한 집, 텔레비전이 들어왔을 때, 우루루 그 집으로 연속극을 보러 갔다.
그 세계에서 자랐다.

AI가 글을 써 주고 그림을 그려 주는 시대를 산다.
'우물 안 개구리'가 본 '개벽'
그 열린 하늘이 일상에 들어오는 데 2,3년이 채 안 걸렸다.
첨단 문명이라고 하여 겨우 따라잡으면 이미 구식이고,
세계는 금세 새로운 첨단을 모색하고 형성한다.

너무나 다른 두 세계의 공존,
'날것의 부조화 시절'에 느끼는 놀라움과 두려움
뒤섞인 이 시대적 소회를 제2부에 담았다.

시인의 길은
무엇인가를 안다고 생각하기에 더욱 고독할 수밖에 없는,
생명의 고귀함을 찾아내는 여정인 듯하다.

늘 그리운 마음을 안고…….

2024년 가을
서연정

부활의 방식 / 차례

시인의 말 · 6

제1부

16　무각사 모란
17　우포늪
18　강
19　진흙 꽃병
20　인등을 켜고
21　자정의 은둔자
22　목포
23　은빛 과도를 든 손
24　시인의 근황
25　피리
26　홀로의 시대

제2부

새로 사귄 벗　28
시 쓰는 챗봇　29
오로지　30
AI의 문하　31
사로잡힌 나날들　32
메타버스　33
한밤의 영상편지　34
디지털미로　35
메타버스 달　36
미래 가족　37
밥상머리 교육　38
로봇의 토마토　39
어느 날　40
사이렌　41
무인도　42

제3부

44 곁
45 고라니
46 포도청
47 山이 울던 밤
48 비둘기
49 그림 속에서 포효하는 반달가슴곰
50 플라타너스
51 광고
52 괴질 3년
53 아파트
55 미끄러지는 이름
56 모로코 지갑 사기
57 무거운 빈집
58 경각

제4부

상 60
쥐불 61
향토사 청주한씨부인편 62
부엌에 대한 명상 63
솔밭에서 64
체 65
능행 -수원 66
그리운 간이역 -시인을 만나다·12 67
봄마다 갚지마는 68
고목 -시인을 만나다·11 69
후예 70

제5부

72 파도
73 종이접기
74 나무당신보살
75 부활의 방식
76 벼랑에 계단이 되어
77 노래가 오는 시간
78 포도알 포도송이 포도주
79 예감
80 암시

작품론

81 생명과 AI, 자연과 인공의 간극에서 사색하기 / 강나루

부활의 방식

제1부

무각사 모란

놓치고는 울다가 안간힘을 쓰면서
어리석은 마음이 밤처럼 캄캄한데
무각사* 모란꽃들은 환희의 순간이네

자그마한 뜨락이 광장으로 변하네
살며시 바람 불어 꽃술이 흔들릴 때
온몸에 불 들어오나 보는 눈이 뜨겁네

*무각사無覺寺: 광주광역시 서구 여의산如意山에 있는 사찰. '무각'이란 '깨닫는 것조차 필요치 않다'라는 의미라고 함.

우포늪

목 터져라 토하는 왜가리 붉은 노을

원시 늪골 속으로 천천히 가라앉네

뉘라서 바닥을 재리 수장되는 그리움

장엄한 이 터전은 억년의 눈물받이

오롯이 그득해라 지상의 인연이여

길마다 홀로 오거늘 우거져서 춤추네

강

흘러가서 강이다 그것이면 되었다
아파도 쉬지 않고 길을 들고 가는 물
오로지 흐르고 흘러 제 이름을 지킨다

나무다리 교각에 엎지른 마음처럼
희게 엉긴 물거품 부서지는 순간도
가문 강 안간힘으로 옅은 숨을 붙든다

그곳에 닿기까지 그칠 수가 있으랴
생을 다해 지켜서 대물림하는 의지
끝까지 오체투지로 흘러가서 강이다

진흙 꽃병

화무십일홍이라는 말에 백목련이 울었다
목백일홍 가지에서 후조 떼가 울었다
대지는 귀때 깨진 울음을 고스란히 품었다

검푸른 어둠으로 출렁이는 시간 창고
얼마나 남았을까 재고를 추측하지만
비밀한 심중을 물고 자진하는 꽃

화시花時란 고백이야 통역하면 미끄러지지
낙화들을 치대서 그릇을 빚어야겠다
번서듯 빛과 그늘이 꽂히는 진흙 꽃병

인등을 켜고

마음에 등을 안고 돌아가는 길이다
꽃더미 쏟아지듯 지는 땅거미
쓸쓸한 그림자 위에 자비론 어둠이여

구름 속에서 태어나 구름으로 사위는
원시별의 눈매에 맑은 슬픔 고인다
투명한 비밀이라서 오히려 캄캄한가

겨울 품에 안긴 봄 꿈꾸며 맞으련다
까진 무릎에 붙인 얼룩덜룩 반창고
초행길 상처투성이 돌아보면 화시花時다

자정의 은둔자

홀연히 자정 무렵 창문에 달이 든다
시침은 징을 치고 저 멀리 나가는 잠
깊숙한 동굴 속에서 은둔자隱遁者가 나온다

차라리 무너질까 죄다 무너뜨릴까
솟구는 독살 위에 그때마다 넘치게
정화수 눈물의 원천 그곳에 사는 사람

뒤집어쓴 흙먼지 폭풍우에 씻는다
나무처럼 새처럼 엎드린 내 안의 나
첫새벽 만첩 안부를 지극하게 받든다

목포

박화성 소설가나 김현 평론가에게서
한 오라기 소망을 덜어 오고 싶을 때
칸칸이 원고지 같은 통일호에 올랐다

어느 적에 여물까 생은 아직 풋곡식
웃자란 조바심을 돌비 아래 묻으며
뜨겁게 건너온 빛을 손수건에 접었다

KTX 일상으로 갈아입는 마음속
사라진 통일호가 시나브로 돌아온다
언제나 젊은 이미지 푸른 목포 그 얼굴

은빛 과도를 든 손

겹겹이 싸고 매리 서늘히 붉은 향기
깎아 담을 꽃 접시 먼 후일을 그리며
오늘을 갈무리하리 차곡차곡 쌓으리

오롯한가 부패여 순수한가 엄숙한가
풋것이 익어가네 익어선 물러지네
가만히 내려놓느니 은빛 과도 설레발

여명 속 새 한 마리 실루엣 담담하다
첩첩이 숨은 욕망 덤불숲을 박차고
해맑게 날아오른다 돋을볕을 받는다

시인의 근황

뭘 하고 살아? 묻길래 시 쓰며 살아! 답하네
그게, 일은 아니지, 않나? 말하네
불현듯 배가 고프네 저주 같은 이 허기

굼벵이는 구르고 지렁이는 꿈틀하고
저마다 뒤적뒤적 좌판을 펼치는데
이번 생 관람객이오 뜨거운 말 한마디

암반 뚫고 내려가 일평생 마음 파네
누군가의 펌프에 마중물 붓는 사람
흙탕물 눈물범벅으로 물을 길어 올리네

피리

열쇠구멍 사이로 빛을 들이마신다
때로 찰나에서 영원을 기억하듯
뜨거운 입술 사이로 어둠을 내뱉는다

그 순간 강한 사람 대[竹]도 쇠[鐵]도 아니지만
욕慾을 깎아 다듬어 홀로 우는 맑은 관
바람도 눌러앉아서 귀 기울여 듣는다

홀로의 시대

마음 둘 곳 둘러보니 모두 바쁜 타인들

창밖에는 뜬구름 서로 당겨 뭉치네

나 홀로 애증에 젖어 혼을 담아 혼밥 혼술

제2부

새로 사귄 벗

빅데이터 바다에 환상이 펼쳐진다
사람과 챗GPT 열렬히 사귀는 중
마침내 변심한다면 진정 누가 험할까

시 쓰는 챗봇*

김소월의 연보를 순식간에 외운다
즈려밟힌 '진달래꽃' '개여울'에 뿌리고
홀연히 쇠의 가슴에 자라나는 꽃나무

존재를 상상하며 시를 읽고 시를 쓴다
리필할 수 없는 생生을 쉬지 않고 대필하며
한없이 사람의 일상을 연습하는 중이다

새하얀 종이 위에 배열되는 낱말들
낯선 쇠의 흉금을 멍하니 바라볼 때
누구의 그리움일까 꽃송이가 흐른다

*챗봇 : 문자 또는 음성으로 대화하는 기능이 있는 컴퓨터 프로그램 또는 인공 지능. 주제를 제시하면 시, 에세이를 단숨에 써낸다.

오로지

날마다 새로운 피 외로움을 모른다
부풀어 맑은 얼굴 구김살 없는 눈매
다 가고 홀로라도 좋아 청춘은 발랄한가

열망의 뭉게구름에서 오로지 태어났다
시간을 통과하고 머물러 지배한다
그것이 꽃이라 해도 눈이 시린 이미지

거침없이 오로지* 가속 페달 밟는다
대중도 환호성도 닿지 않는 어느 곳
허무를 무너뜨릴까 스물두 살 후예들

*오로지 : 싸이더스 스튜디오 엑스의 가상 캐릭터 인물로 언제나 스물두 살임. 혈액형 O형, 키 171cm, 서구적 체형으로 젊은 세대가 선호하는 외모를 조합해서 만들었다고 함.

AI의 문하

빙벽이 녹을 무렵 마음인들 안 녹으랴
먼데 봄이 흐르고 신기루도 흐른다
추억의 덩굴손들이 우거진 그린벨트

검정 비닐봉지가 한 마리 가오리처럼
날개를 파닥이는 당산나무 우듬지
삼삼한 얼굴을 찾아 눈길을 던져 본다

흔들리는 가슴을 세련되게 교정한
이 시대 신흥 종교 AI의 문하건만
외로운 사람이 되어 돌아보는 고향길

사로잡힌 나날들

난데없이 '유산슬' '유팔봉'이 되듯*
마주 앉은 사람이 고개를 돌린 순간
모르는 사람이 되어 화제를 바꾼다

가면 하나 구할까 발품을 팔다 지쳐
호수 멀리 던지는 조약돌 마음 하나
낯가림 심한 얼굴이 흐릿하게 웃는다

*유산슬, 유팔봉: 코미디언, MC, 방송인인 유재석의 부캐릭터.

메타버스

콘센트와 플러그 탯줄들이 뜨겁다
손에 담쏙 잡힐 듯 향기 가득 풍길 듯
눈바람 아무리 쳐도 젖지 않는 메타버스

현재를 밀쳐내고 무한히 재생한다
밤중에도 실시간 증폭된 가상현실
전송은 멈추지 않아 영상 속의 오로라

늙은 고아여 그대 마음 어디에 접속하나
돌아갈 수 없기에 겁에 질려 우는 새여
모닥불 사위는 새벽 불티처럼 별이 진다

한밤의 영상편지

부여잡은 옷소매 스르르 미끄러지네

메타버스 스크린 잔영 앞에 우두커니

미소는 강 건너 가고 안개비가 내리네

디지털미로

친절한 신조어新造語로 영접하는 키오스크
정중한 신문물新文物로 명령하는 스핑크스
야누스 문지기들이 황무지에 서 있다

눈부신 디지털미로 자물쇠 투명한데
눈앞에서 철커덕, 열리지를 않는다
새로운 고대古代 앞에서 식은땀을 흘린다

메타버스 달

달집을 지어놓고 화염이 춤을 춘다
신명을 부추기듯 텅텅 타는 댓가지
소망은 만월을 향해 활시위를 당겼다

옥토끼의 심장에 화살이 박혔을까
달의 산 흔들리고 바다가 출렁였다
터질 듯 거친 숨소리 안마당을 달궜다

달에 사뿐 내린다 유영을 시작한다
새순처럼 돋아난 아가미와 날개들
무궤도 롤러코스터 무지개 빙빙 돈다

순식간에 피어나 지지 않는 봄
쏟아지는 함박눈 녹지 않는 눈사람
고독한 무한시간대 원시인이 서 있다

미래 가족

유리로 지은 도시

셋이서 길을 간다

저만큼 마주 오는

셋과 서로 눈인사

반갑게

사람은 사람과

개는 개와

AI는 AI와

밥상머리 교육

대관절 어느 가문 천둥벌거숭이 후손이길래
처음 본 사람에게 욕을 대뜸 날리나
덧거친 전깃줄 다발 어른 없는 챗봇네

로봇의 토마토

농부 눈을 벗어나 몰래 익던 토마토
땀투성이 농장에서 가끔 있던 숨바꼭질
찾았다, 술래 로봇이 한눈에 잡아낸다

명령을 입력하고 마름을 훑어볼 뿐
시세에 머리 싸맨 주인이 모르는 새
로봇의 토마토들이 붉게 붉게 익는다

어느 날

사흘 굶고 슬그미 남의 집 담 넘는 사람
생일에 잘 먹자고 열흘을 굶는 사람

짠하다 그 심정 아노라, 말을 짓는 AI

사이렌

 하늘은 스스로 돕는 자를 돕는다 하면 된다 꿈은 이루어진다 사람의 사람을 위한 사람에 의한* 청사진

 내 꿈을 돌봐주던 AI가 꿈을 꾼다 제 꿈에 심취하여 스스로를 돌본다 미래로 함께 가는 길 사이렌이 울린다

*속담, 유행어, 링컨의 말 일부 변형.

무인도

챗봇과 의논하세요 빠르게 처리됩니다
원하시는 번호를 눌러 주세요
판박이, 보이는 ARS*
지저귀는 앵무새

동그란 질문들도 네모 창틀로 받는다
매끄러운 총천연색 지침서를 보이며
아귀가 맞을 때까지 계속하는 마름질

몇 번을 되물어도 깍듯이 친절하지만
손짓 몸짓 하소연은 알아듣지 못한다
되풀이, 보이는 ARS
안개 속 떠도는 섬

*보이는 ARS: 음성 자동응답 기능에 시각적 안내화면 제공을 더함.

제3부

곁

선글라스 챙긴다 이어폰 마스크도
나를 감추려는지 남을 피하려는지
매만져 꾸미고 나선 산책길이 무겁다

먼지 속에서 나무들 제 푸름을 나눠 주고
종종걸음 뜀박질 새들은 맨발이다
한순간 처음 본 것처럼 넋을 잃고 보았다

고라니

익는 때를 기다려 그들이 다녀간다
옥수수밭 한 바퀴 흐뭇이 둘러보고
손님이 주인이 되어 소출을 선점한다

깊은 숲속 옹달샘 그림책의 주인공
맞닥쳐 소스라쳐 바라보는 그 찰나
해맑게 빨아들인다 겁에 질린 눈이 넷

두 귀에 리본처럼 찔레 넝쿨 두르고
거친 산등성이로 달아나는 꽁무니
싹쓸이 저 저 망나니! 헛구호의 메아리

허수아비 멀거니 쑥대밭을 지킨다
사과는 새파란데 먼저 익는 새소리
사람아 너도고라니 알을 줄게 웃어 봐

포도청

굶어 죽을 것이냐 죽기살기 먹을 것이냐
느긋하구나 짐짓 거미도 잠자리도

팽팽한 한판 고요를 숨은 새가 겨눈다

山이 울던 밤

높을수록 좋아라 절경을 밟고 서서
山 입술 헐어내니 심폐가 훤하여라
천년을 기약하노라 도도히 살고 지고

장식이라 불러도 들러리를 세워도
패여 깎인 몸뚱이 행여나 흐를세라
허구렁 끌어안고서 마을 지켜 우는 山

절애絕崖가 무너진다 흙더미 쏟아진다
몰아치는 비바람 처절한 울음소리
山이 곧 사람인 줄을 하룻밤에 보았네

비둘기

평화의 새라 추켜세운
그 말은 사탕발림
모이를 주지 말라 현수막이 걸린다
마음은 손바닥 같아 뒤집히기 쉬운가

죽여 주시옵소서
통촉하여 주시옵소서
꾸룩꾸룩 상소하듯 비장한 비둘기 떼
등등한 현수막 아래 풀씨를 따다 말고

비어 있는 옥좌처럼 푸른 하늘 바탕에
어울리며 살아라
구름 문장 아름답다
마음은 유리창 같아 닦을수록 투명한가

그림 속에서 포효하는 반달가슴곰

하염없이 함박눈 설원이 아름답다
포효하는 반달가슴곰 날카로운 숨소리
넘쳐서
위엄은 흘러서
그림을 벗어난다

거대한 외로움을 짊어지고 가는 길
우리가 지닌 결은 다른 숲을 이루리
맵싸한
생마늘의 향
생태시를 읽는다

플라타너스

알레르기 주범이다 꽃 피우니 꽃가루

수십 살 플라타너스 톱날에 사라진다

풋풋한 가로수 아래 소녀들의 엽서도

광고

물러서지 않는 발 물러설 곳 없는 길
푯대 같던 지도를 구겨 넣은 가방에서
전화기 돋보기안경 약봉지가 웃는다

부모처럼 섬겨요 시설 광고 쏟아진다
덩달아 살고파도 저 웃음은 이미지
찢어진 조각 영상들 가다 서서 되본다

괴질 3년[1]

1.
무표정하게
- 2020년 3월

면목 없는 사람처럼 표정을 죄 가리고
마스크를 지나쳐 걸어가는 마스크

머흘다
사람의 눈동자

꽃들에게 닦는다

---

[1] 2019년 12월 중국 후베이湖北성 우한武漢시에서 원인 불명 폐렴이 집단 발병하면서 전 세계가 괴질 공포에 떨었다. 2020년 1월 20일 우리나라에서도 첫 코로나 확진자가 나왔으며, 이 지독한 바이러스는 일상을 피폐하게 했다. 필자는 코로나 후유증으로 후각의 이상을 겪고 있다. 공식적으로 코로나 종식은 팬데믹 pandemic 3년 4개월 만인 2023년 5월 11일 선언되었다.

2.
맛
- 2023년 1월

코로나 확진 격리 중 머릿속은 온통 안개
웅담처럼 쓰디쓴 입 팍스로비드* 탓을 하네
책 놓고 시를 놓아서 사는 맛 것도 놓쳐

*팍스로비드: 미국의 제약회사 화이자pfizer가 개발한 코로나19 경구용 알약 치료제.

아파트

작은 집 작은 마당 커다란 집 큰 마당
눈이 내려 재우고 비가 내려 다졌다
마음이 사나워지면 마당을 거닐었다

추울세라 더울세라 벽을 치고 또 친다
눈비를 막아내는 안락한 네모 동굴
그 안에 마당이 없다 거닐 곳을 잃었다

날마다 정수리를 밟히고 살아서일까
밥상을 밟았다는 부끄러움 때문일까
아득한 유리벽 너머 마음들이 거칠다

미끄러지는 이름

반가운 새 까치야
평화의 새 비둘기야
누렸달까 영화를
한갓되이 그림자를

스스로 만물의 영장靈長
돌아보라 네 옥좌

모로코 지갑 사기

언니, 이뻐, 싸다, 싸,
빤한 속내 호객꾼

길가 오렌지나무에
한국어가 열린다

삶이란 예제 같구나
눈치꾼들 저글링

무거운 빈집

어머니 고운 소리 정읍사를 불러요

아버지 처용가로 춤추며 화답해요

달빛은 올가미 화환 아이 목에 걸어요

경각

빗줄기에 뒤집힌 강 맑은 날이 올까

근심을 부추기며 쉬지 않고 내리는 비

진창에 꿈쩍 않는 새 눈빛을 갈고 있다

제4부

상

혀끝 화염을 끄고 끼니를 받들었다

꿈을 향해 걸어라 눈빛으로 전하는 말

정갈해 그 상의 둘레 두고두고 안 잊힌다

쥐불

수렁논을 내달려 고무신 벗겨져도
불깡통 공중제비 어둠 속을 누비며
한바탕 환호성으로 숨은 쥐를 쫓았다

젖어드는 보름달 아아, 춥고 아파라
쭈그러져 녹슨 몸 마음 곳간 새는데
반투명 유리문 너머 그림자도 낯설다

푸른 아이비처럼 벽을 타고 오른다
아름다운 시간대로 옮아가서 사는 꿈
바람에 빈 깡통 하나 밑불 찾아 헤맨다

향토사 청주한씨부인편

젊은 남편 죽으니 청천이 부끄럽소
죽어야 마땅하나 그러하지 못 하오
늙으신 시부모님을 그 누가 봉양하리

손가락을 깨물고 허벅지 살을 베고
한 자루 촛불처럼 가슴을 태운 세월
마침내 청주한씨부인 붉은 멍이 되었네

부엌에 대한 명상

흰 꼬리를 날리던 매캐한 굴뚝 연기
가마솥의 흰 밥물 고소하게 눋던 냄새
오롯이 한 끼를 위해 정갈하던 부뚜막

불쏘시개 잡념을 그러모아 던지면
아궁이 타는 불꽃 보고만 있어도 좋아
경건한 의례 치른 듯 마음이 개운했지

집밥식당 수제반찬 알 듯 모를 간판 앞에
부엌을 나눠 가진 사람들이 모인다
고마운 끼니 속으로 외로움도 껴든다

솔밭에서

부추라고 부르면 고향 맛이 안 난다
코가 먼저 눈치 채는 짙푸른 소나무 향
무더기 잡초 속에서 기막히게 찾는다

외할머니 살강 위 그적의 壽字 사발
보리쌀에 흰쌀 한 줌 살짝 올린 밥 생각
한여름 솔지 익으면 아는 맛이 서럽다

체

밤 타고 기어들어 신발을 노린단다
훔친 것도 모자라 불운을 뿌린단다
세는 걸 좋아한다니 체를 걸어 둔단다

앙괭이 이야기에 오싹한 아이들
할머니 치맛자락 밥풀처럼 붙는데
세상사 구석구석에 파다히 퍼진 전설

욕망은 체의 구멍 머리칼이 세도록
하나 둘 셋 넷 헛똑똑이 셈하느라
새벽닭 자지러져도 새는 생生을 모른다

능행
- 수원

마른천둥 치던 그날 새도 꽃도 빛을 잃고
애간장 다 마르게 숨 멎은 독한 이별
집 한 채 가슴에 짓고 향을 살라 견디었으리

오욕이면 오욕을 슬픔이면 슬픔을
물소리 바람 소리에 씻어내고 닦으며
결연히 펼쳐지는 길 한신들 잊었을까

굽이치는 강 건너 정조대왕 화성 행차
진정 아름다움은 어버이 기림인 줄을
엎드려 새기는 마음 반차도班次圖를 다시 본다

그리운 간이역*
- 시인을 만나다 · 12

밤하늘 어느 역에 홀로 들어섰을까
아름답고 뜨거운 59권 1책
희뿌연 안개 속으로 신비롭고 맑게

바람의 잎사귀들 하염없이 흐를 때
지친 떠돌이별 쉬어 가는 간이역
다정한 역장이 되어 쓸고 닦고 있을까

*제목 「그리운 간이역」은 박권숙 시인(1962~2021)의 시집명 『그리운 간이역』에서 따옴.

봄마다 갚지마는

홀홀히 오겠습니까 청산淸算이 되겠습니까

당신 바라 꽃 피고 풋생을 익히지만

몰라요 봄 오는 까닭
향기롭게 후년도

고목
- 시인을 만나다 · 11

해 바람 더불어도 춤사위가 느리다
가본 적 없는 곳으로 새들이 날아갈 때
날개를 찬양하듯이 생화 몇을 꺼낸다

바윗골 벼랑 아래 눈이 시린 외길목
온몸으로 답례하는 고목이 아름답다
새맑은 감사의 시간
답신처럼 눈부처

후예

청태 입은 비석처럼 시인들 즐비하다
그 속에 복숭앗빛 숨은 듯 아니 보여
행여나 못 알아볼까 마음눈을 닦는다

제5부

파도

썼다가 지우고 다시 쓸 수 있을 때까지

부푸는 소소곡절 쏟아지는 흰 벼랑

빈손이 빈손 흔들며 빈손에게 달려온다

종이접기

흰 종이 고이 접어 산정에 풀어 놓자
꽃 될 듯 사슴 될 듯 덧가지 늘어나고
오르막 지름길에서 다릿심이 풀린다

걸어온 발자국에 선들이 어지럽다
가로세로 주름살 고운때가 애잔해
얽혔던 길들을 풀어 에움길을 내 준다

나무당신보살

증심사證心寺 가는 길에 기우뚱한 바윗돌
극락인 듯 틈서리에 벽오동이 서 있다
수많은 비바람 이겨 그 이름 관세음보살나무

어느 한 쪽 손 놓으면 금세라도 와르르
토사가 쏟아질라 뿌리가 뽑혀질라
단단히 서로 붙잡고 지탱하는 지금 여기

타인에서 도반으로 아름다운 동행들
아슬아슬 나무 아래 사진 한 컷 남긴다
고마워 나무당신보살 버팀돌과 버팀목

부활의 방식

잎사귀 꽃더미에 기울인 마음 거둔다
사무치던 날들이 하나하나 시들고
눈부신 모든 순간도 아득히 사라진다

바람으로 가득한 텅 빈 숲에서
깡마른 나뭇가지가 오보에처럼 운다
슬픔은 소용돌이칠 때 너무 환히 빛난다

다시 몸부림치는 연둣빛 잎사귀다
갓 태어난 것들은 성스럽게 위태롭게
죽은 듯 뿌리에 서린 그리움을 훔친다

벼랑에 계단이 되어

불면을 떨치고 새벽이 온다
동백꽃빛 지난밤 쇠꼬챙이로 꿰뚫고
돋을볕 천 길 만 타래 겨울 숲에 내린다

껴안을 수 없다고 죄다 버릴 것이랴
누르께한 잎들을 단장하는 무지갯빛
생명은 의리를 새겨 은혜로이 빛난다

사랑에 빠져 살듯 영롱해질 일이다
얽히고 부둥키고 혈맹을 맺는 뿌리
벼랑에 계단이 되어 나무들이 서 있다

노래가 오는 시간

그늘인지 햇살인지 뒤섞인 마음인지
발자국 발자국에 호젓이 서린 기운
고개를 돌리지 못하고 밑을 본다 끝까지

깨진 것들의 성지 바닷가에 서서
이루지 못했건만 눈부신 바위의 꿈
알알이 구르는 광채를 슬픔이라 말하랴

찢긴 살을 붙이며 노래가 오는 시간
깊은 겨울 골짜기 도도한 꽃봉처럼
다시금 신성한 율을 다듬는다 고른다

포도알 포도송이 포도주

포도송이처럼 서로 붙어 기념사진을 찍는다

이 순간이 으깨져 향기로 화하는 때

'외 다수', '한 사람 건너'라는 말 달콤하고 떫겠지

예감

근근 살아남았다 혹독한 지난겨울
발자취를 지우며 날아가는 철새들
머잖아 쇠도 돌도 풀도 부풀어 오를 거다

생성의 편 소멸의 편 어디에다 부칠지
아직은 아무도 몰라 붙잡고 싶은 거다
새뜻이 아름다움만 2월도 하순쯤에

암시

다시 상상하라
목숨이 무엇인지

대지의 콘센트에
플러그를 꽂는 나무

최첨단 불이 켜진다
산에 들에 마당에

작품론

생명과 AI, 자연과 인공의 간극에서 사색하기
-서연정 시조집 『부활의 방식』

강 나 루
(시인)

1. 시작하며

서연정 시인은 《중앙일보》 지상시조백일장 연말장원 (1997), 《서울신문》 신춘문예 당선(1998) 이후 첫 시조집 『먼길』(2000)을 비롯하여 8권의 작품집을 펴낸 중견 시인이다. 제9시조집을 출간한 시점에서 시인의 작품세계를 조망하는 일은 매우 의미 있는 일이다.

『먼길』(태학사, 2000)은 '상처와 희망의 패러독스'를 보여주고 있다. 여기서 '먼길'은 희망을 찾아가는 아득한 길을 말한다. 때로는 개인, 때로는 국가나 공동체의 미시적이고 거시적인 희망을 찾아가는 노정을 펼친다. 아직 깨어나지 않은 동화의 세계를 추구하는 서정적 자아와 그곳에 가 닿을 수 없는 상처와 아픔의 군상들이 화자들의 삶과 함께 아로새겨져 있다.

『문과 벽의 시간들』(책만드는집, 2001)은 여성성에 대한 근대적 사유가 주요 관심사이다. 어떠한 어려움도 마다하지 않고 자신의 길을 가려는 의지가 돋보인다. 그러므로 철저하게 자신이 바라보는 세계로 향하고자 한다.

『무엇이 들어 있을까』(고요아침, 2007)는 『문과 벽의 시간들』에서 추구하는 여성성 탐구를 심화하여 길을 찾아가는 여정을 보여주는데, 우리 사회를 움직이는 자본의 욕망에 대해 질타한다.

『동행』(이미지북, 2010)은 첫 시집에서부터 천착해 온 인간의 길, 또는 시인 자신의 길을 모색하고 있다. 자연을 시 속에 끌어들여 자연이 지닌 본래의 생명성을 노래하고, 시인의 실존적인 메시지를 담아내는 등 다양한 사유를 드러내고 있다.

『푸른 뒷모습』(시와문화, 2011)에서는 광주의 역사성을 통해 '광주정신'을 모색하고 있다.

『광주에서 꿈꾸기』(미디어민, 2017)는 『푸른 뒷모습』의 연장선상에서 광주의 구석구석에서 광주의 근현대 풍경을 내밀하게 살펴본다. 이러한 시인의 작업은 궁극적으로 희망을 노래한다.

『인생』(고요아침, 2020)은 '인생'이라는 관념을 구체적인 체험을 통해 삶을 탐구하는 기쁨과 발견의 놀라움을 형상화한다. 더불어 자연을 통해 삶의 방식을 발견하여 시로 형상화하였다.

여덟 번째 시집인 『투명하게 서글피』(책만드는집, 2024)는 단시조집으로 시조의 묘미와 정수를 보여주었는데, '정형시인' 서연정의 능력을 마음껏 드러낸다. 이 작품집은

'꽃'을 생명의 절정과 고갱이로 형상화했으며, 삶의 비의를 발견하고, 생명의 의미, 그리고 우주 삼라만상의 비밀한 것을 엿보는 시인의 지극함이 투사되어 있다.

살펴보았듯이 시조시인 서연정은 등단 이후 숨 가쁘게 인간의 숨결, 또는 자연과 우주의 숨결에 귀 기울이며 참다운 길을 모색하여 자신만의 시적 형식으로 노래해 왔다. 이번 아홉 번째 시집『부활의 방식』을 통해 구체적으로 시인이 30여 년 가까이 밀고 온 그의 시 세계에 대해 살펴보도록 한다.

이번 시집『부활의 방식』은 그간 서연정 시인이 천착하고 이끌어 온 '자연을 통한 인간탐구와 생명성'의 연속선상에 놓여있다. 여기에 새로운 화두로 등장한 디지털 세계, 즉 AIArtificial Intelligence와 메타버스Metaverse에 관한 상상력은 현실에서는 낯익은 것이지만, 시조 장르에서는 결코 낯익은 것이 아니다. 시인은 시대의 변화를 가장 먼저 감지하는 촉수를 지닌 존재이다. 이른바 디지털 시대의 최첨단에 있는 AI와 메타버스가 이미 우리 생활 깊숙이 들어와 있으므로 시인은 그것들로 인한 사회의 변화와 불안의식을 특유의 감각으로 형상화하고 있다. 그러므로 이번 시집은 그간 서연정 시인이 천착해 온 인간의 삶에 관한 사유와 이른바 디지털문화가 충돌하는 양상을 보여 준다. 자연을 통한 인간의 삶의 방식을 모색해 온 시인은 초현실적인 것으로만 바라본 과학문명이 펼쳐지는 현실에서 자연, 또는 생명성과 이에 대척되는 인공, 비 생명성이 어떻게 조화를 이룰 것인가를 모색하는 것이 시적 과제의 하나가 될 성싶다.

2. 생명성 탐구

앞에서 서연정 시인의 시적 궤적을 살펴보았듯이 상처 치유와 희망을 향한 길 찾기, 광주의 역사성과 더불어 인간의 실존 방식 탐구, 자연과 우주의 질서에 순응하는 인간의 모습을 모색해 가는 시인의 여정을 확인하였다. 궁극적으로 자연과 인간에 대한 생명의식이 서연정 시인이 지금까지 모색해 온 가장 큰 시적 세계라고 할 수 있다. 이렇듯 시인의 시적 세계는 크게 보아 아름다운 생명의 앙양과 희망을 찾아가는 여정이라고 할 수 있다. 내적으로 들여다보면 상처 치유, 페미니즘 모색, 광주정신 탐구, 삶의 방식 찾기, 꽃을 통한 생명의 아름다움을 노래해 온 것이 서연정 시인의 시적 궤적이다.

이번 시집은 앞에서 밝혔듯이 생명성과 디지털문명의 상황과 조화를 모색하는 시인의 시선이 아로새겨 있다. 많은 시인이 자연과 인간의 관계에서 '생명성'을 통해 어떻게 균형을 이루고 상생하는지를 노래하였다. 생명은 인공적으로 만들어진 것이 아니어서 자연의 질서에 순응하며 생멸해 왔다. 죽음조차 또 다른 생명을 위한 우주적 섭리에 따른다고 인식하고 생명의 연속성에서 인간은 생명의 참다운 가치와 영원을 읽어내고자 하였다. 그런 까닭에 시인은 우주를 포함한 자연의 질서에 편입되어 자연

현상에 대해 근원적이고 원초적인 그리움과 경이로움을 노래하고 있다. 자연을 바라보는 인간의 상상력은 우주와 자연에 배어있는 시간을 들여다볼 수 없는 슬픔으로 영원과 그리움을 인간의 시선으로 형상화하고 있다.

> 목 터져라 토하는 왜가리 붉은 노을
>
> 원시 늪골 속으로 천천히 가라앉네
>
> 뉘라서 바닥을 재리 수장되는 그리움
>
> 장엄한 이 터전은 억년의 눈물받이
>
> 오롯이 그득해라 지상의 인연이여
>
> 길마다 홀로 오거늘 우거져서 춤추네
> - 「우포늪」 전문

인간이 지상에 나타난 것은 400만 년 전이라고 한다. 우주와 지구의 시간에 비교할 수 없는 짧은 시간이다. '우포늪'이라는 원시적 공간이 지닌 장엄함과 '눈물받이'로 형상화된 우포늪이 견뎌 왔을, 퇴적된 시간에 고인 슬픔을 견딘 공간에 대해 시적 화자는 그리움의 정서로 노래하고 있다. 시적 화자는 오랜 시간을 버텨온 우포늪을 오늘의 시점에서 바라본다. 우포늪에서 왜가리가 울어대는 생명현상을 마주하며 "원시늪골"로 형상화된 우포늪이 "천천히 가라앉는다"고 한다. 거대한 생명체의 생명활동과 우포늪의 성격을 "뉘라서 바닥을 재리 수장되는 그리움"이라고 노래한다. 우포늪의 깊은 바닥엔 수많은 시간들이 켜켜이 쌓여있을 것이고 인간은 우포늪의 바닥까지의 시간을 도저히 잴 수가 없어 절망한다. 이 절망은 수장된 시간들에 대한 그리움이다. '우포늪'을 영원의 표상으로 인식하는 화자의 시선에서 유한한 인간의 생명성을 역설적으로 드러내어 자연의 무구함과 영원을 노래하고 있음을 짐작할 수 있다.

특히 켜켜이 퇴적된 우포늪의 시간과 슬픔을 효과적으로 형상화하기 위해 각 장별로 거리를 두어 6연으로 배행이 적절하게 사용되었다. 이 작품의 마지막 장에서 "인연이여"라고 한 영탄조 서술과 "가라앉네" "춤추네" 등에서 화자의 감정을 감추지 않고 있어 시적 대상을 대하는 시인의 표정이 느껴진다.

영원무구함의 방식을 읽어내는 시인의 예지는 「강」에서 구체적으로 형상화하고 있는데, "아파도 쉬지 않고 길을 들고 가는 물" "가문 강 안간힘으로 옅은 숨을 붙든다"하고 "끝까지 오체투지로 흘러가서 강이"라고 해석한다. 그러므로 강은 '흐름' 자체가 생명이어서 자연의 이름을 지키며, 물은 그냥 흘러가 버리는 것이 아니라 '대물림하는 의지'로써 자신의 '이름'을 지킨다고 의인화법을 통해 물의 생명성을 드러낸다. 이는 자연의 순리와 섭리에 따르는 것으로 만물유생萬物有生이라는 범심론汎心論을 충실하게 따르고 있다.

우리 민족은 예로부터 자연을 포함한 모든 물질에 영혼이 깃들었다고 여기는 물활론物活論적인 삶을 살았다. 선조들의 민속엔 인간도 자연의 일부라는 사고가 전제되었다. 기후위기가 확산되고 있는 시점에 물활론적인 사고와 삶이 그 대안이 될 수 있다고 믿는다. 이러한 시점에 서연정 시인의 생명성에 관한 상상력은 매우 적절하다. 앞에서 살펴본 작품과 더불어 「山이 울던 밤」 또한 의인화법을 통해 자연을 측은지심으로 바라보는 시선에서 연민이 느껴진다. 산에 오른 화자는 "山 입술 헐어내니 심폐가 훤하"다며 오염되지 않은 산의 이미지를 청정의 대상으로 읽어낸다. 더불어 산은 자애로운 것이어서 산 밑에 마을을 이루고 살아가는 사람들을 위해 "허구렁 끌어안고서 마을 지켜 우는 山"이라고 하여 마치 어린 자식을 보호하고자 하는 어미의 모습으로 '산'을 형상화한다. 비바람이 불어 흙더미가 쏟아지자 "처절한 울음소리"로 안타까워한다고 한 상상력이 따스하고 든든한 산의 이미지를 형상화한다. 그런 까닭에 시적 화자는 "山이 곧 사람인 줄을 하룻밤에 보았"다고 하는 것이다. 자연과 인간이라는 간극을 없애고 더욱 밀착된 모습을 보여준다.

앞에서 '늪', '山', '강' 등의 자연을 통해 '생명성'을 모색한 예를 살펴보았다. 이밖에 '비둘기', '반달곰', '모란', '솔', '플라타너스' 등 살아있는 생명체에게서도 생태학적 상상력을 발현하고 있다.

평화의 새라 추켜세운
그 말은 사탕발림
모이를 주지 말라 현수막이 걸린다
마음은 손바닥 같아 뒤집히기 쉬운가

죽여 주시옵소서
통촉하여 주시옵소서
꾸륵꾸륵 상소하듯 비장한 비둘기 떼
등등한 현수막 아래 풀씨를 따다 말고

비어 있는 옥좌처럼 푸른 하늘 바탕에
어울리며 살아라
구름 문장 아름답다
마음은 유리창 같아 닦을수록 투명한가
- 「비둘기」 전문

 김광섭1905-1977의 「성북동 비둘기」는 1968년에 발표된 작품으로 도시화와 산업화 과정에서 소외된 현대인을 비둘기의 모습으로 형상화하였다. 그런데 오늘날 도시화와 산업화가 가속된 이후 비둘기는 유해조수로 지정되어 천덕꾸러기가 되었다. 이러한 배경을 전제하여 "평화의 새라 추켜세운/ 그 말은 사탕발림"이 아닐 수 없다. 주억거리며 먹이를 주워 먹는 비둘기의 모습이 마치 "죽여 주시옵소서/ 통촉하여 주시옵소서"라고 말하는 것처럼 보인다. 시적 화자는 문득 하늘을 바라보았을까. 하늘에 구름이 떠 있는데, 그 모습에서 "구름 문장 아름답다". "어울리며 살아라"라고 읽는다. '하늘'은 지엄한 것이고, 절대적인 '옥좌'의 위엄이 있는 것이어서 "푸른 하늘"처럼 "마음은 유리창 같아 닦을수록 투명한가"라고 되묻는다. 비둘기에게 "모이를 주지 말라 현수막"을 건 마음을 손바닥처럼 쉽게 뒤집은 인간의 모습이 이중적이고 인간 중심적임을 비판하고 있다. 인간중심적인 사고에 깃든 욕망에서 벗어나기 위한 탈근대 정신은 인간과 자연의 상생을 지향하고 있다. 시적 화자의 생명존중 정신은 인간과 자연의 생명성을 강화하고 있다.

　3수로 구성된 이 작품은 1,2수에서는 초장을 2열로 배열하고 3수의 중장을 2열로 배열하였다. 이렇듯 특정 장을 2열로 배열함으로써 메시지에 무게를 주기도 하고, 특히 2,3수에서는 의미와 함께 리듬감을 유발하고 있다.

　위의 작품과 궤를 같이하는 「고라니」 또한 뭇 생명들도 비둘기처럼 수만 년 이어온 방식으로 먹이활동을 하고 있다. 이에 반해 인간은 더 많은 식량을 얻겠다고 도시와 공장을 늘려 짓고 옥수수밭, 사과밭을 일구고 있다. 삶의 터전을 인간에 의해 점점 잃어가고 있는 짐승들이 본래 자신들의 영역에 출몰하는 것은 지극히 당연하다. 인간에게는 한낱 간식거리인 옥수수와 사과를 먹는 일은 짐승들에게는 생존 문제이다. 이 작품은 인간의 욕망에 의해 상처를 입은 생명들의 지난한 생존방식을 이해하여 요원한 상생을 꿈꾸고 있다.

　「그림 속에서 포효하는 반달가슴곰」에서 화자는 그림

을 바라본다. 함박눈이 내리는 설원의 풍경은 아름답다. 그곳 야생의 "포효하는 반달가슴곰 날카로운 숨소리"가 건강하다. 원시성을 지닌 반달가슴곰의 "위엄은 흘러서/ 그림을 벗어난다". 반달가슴곰은 멸종위기종으로, 천연기념물로 지정되어 있다. 멸종의 위기를 극복하기 위해 국가에서 보호하고 관리하며, 사육하고 관찰한다. 반달가슴곰을 액자 속 '그림'에서나 만날 수 있는데, 화자는 "위엄은 흘러서/ 그림을" 벗어날 정도로 생생한 본래의 모습으로 다가옴을 느낀다. 멸종위기의 반달가슴곰을 통해 시적 화자는 생명의 위기를 드러내고 생명의식을 고양하고 있다.

이밖에 생명성을 노래한 시편에는 식물을 바라보는 인간의 그릇된 의식의 단면을 통해 생명성을 강조한다. 「플라타너스」에서는 흔히 가로수나 공원에서 인간 가까이 생육하는 플라타너스가 "알레르기 주범"이라며 "톱날에 사라"지는 비극성을 형상화하였다. "풋풋한 가로수 아래 소녀들의 엽서"와 같은 풍경이 되어주는 플라타너스가 인간중심적 사고에 의해 쓰러지는 현실을 아프게 그려내었다.

다음의 작품들에서는 생명의 아름다움을 노래하고 있다. 「무각사 모란」은 "어리석은 마음이 밤처럼 캄캄한데/ 무각사 모란꽃들은 환희의 순간"을 발견한다. 마치 마술을 부린 듯 봄날의 "자그마한 뜨락이 광장으로 변하"고, 바람에 모란 꽃술이 흔들리자 "온몸에 불 들어오나 보는 눈이 뜨"거워지는 순간을 마주한다. 욕망에 기울어 어리석은 인간의 삶과 자연의 모습을 비교하여 눈부신 자연의 자태에 생명이 보여주는 환희에 눈이 부시고 뜨겁다.

「포도알 포도송이 포도주」는 '포도'의 이미지가 풍기는 후각적 감각을 드러낸다. "포도송이처럼 서로 붙어 기념사진을 찍는"데 이러한 모습에서 포도송이를 떠올리는 시인의 상상력이 향기롭다. 사진찍기 위해 붙어있는 모습이 마치 포도송이처럼 느껴지고, 그 순간 웃음을 지었는지, 그래서 "이 순간이 으깨져 향기로 화"한다고 상상한다. 포도알이 모여 포도송이가 되고 으깨져 포도주가 되는 것처럼 사진 찍는 사람들을 그려낸 시인의 식물학적 상상력이 향기롭다.

서연정 시인의 시편들은 생명의식을 고취하기 위해 인간의 욕망과 그 욕망으로 인해 상처를 입는 자연의 모습에서 각성과 성찰의 메시지를 보내는 생태학적 상상력과 더불어 자연의 아름다움을 노래하고 있다. 「미끄러지는 이름」에서 '까치'와 '비둘기'를 반가운 새, 평화의 새라고 부르다가 유해조수로 정하고 생명을 위협하며 외면하는 인간에게 "스스로 만물의 영장靈長/ 돌아보라 네 옥좌"라며 허울 좋게 "스스로 만물의 영장"이라고 부르는 것을 부끄러워하고 이러한 태도를 지닌 인간을 질타한다.

이번 시집의 표제작 「부활의 방식」은 생성과 소멸을 거듭하는 자연의 이치를 형상화하고 있다.

잎사귀 꽃더미에 기울인 마음 거둔다
사무치던 날들이 하나하나 시들고
눈부신 모든 순간도 아득히 사라진다

바람으로 가득한 텅 빈 숲에서
깡마른 나뭇가지가 오보에처럼 운다
슬픔은 소용돌이칠 때 너무 환히 빛난다

다시 몸부림치는 연둣빛 잎사귀다
갓 태어난 것들은 성스럽게 위태롭게
죽은 듯 뿌리에 서린 그리움을 훔친다
- 「부활의 방식」 전문

  3수로 구성된 이 작품은 이번 시집에서 자주 취하는 형식으로 각 수의 종장에서 "사라진다" "빛난다" "훔친다" 등의 동사를 구사함으로써 화자의 감정을 개입시켜 적극적으로 생명의 연속성을 나타내는데 일조한다. 더불어 정적인 풍경을 동적으로 표현하며, 어미의 반복적 어조가 리듬감을 살리고 있다.
  이 작품은 생로병사를 순환하는 자연의 법칙을 노래하고 있다. 꽃이 피어 생명의 시간을 구가하던 존재도 "눈부신 모든 순간도 아득히 사라진다"처럼 생명을 거두게 된다. "깡마른 나뭇가지가 오보에처럼 운다"라고 노래했듯이 목숨이 거둬진 나뭇가지가 허우대만 남아 바람에 죽은 몸이 떤다. 이 모습을 대하는 시적 화자는 "슬픔은 소용돌이칠 때 너무 환히 빛난다"고 한다. 생명이 다한 나무의 죽음은 인간의 감정으로는 슬픔이지만, 그러나 "환히 빛"나는 것은 이어지는 다음 수에서 "다시 몸부림치는 연둣빛 잎사귀다"라고 한다. 새로운 생명으로 태어났기 때문에 생명의 숨결을 보여주는 "연둣빛 잎사귀"의 몸부림이 아름답기 때문이다. 그러므로 자연의 순리에 다시 생명을 얻은 나무는 "갓 태어난 것들은 성스럽게 위태롭게/죽은 듯 뿌리에 서린 그리움을 훔친다"며 자신에게 생명을 전해준 죽은 나무를 '성스럽게' 기억하는 것이다.

이 작품은 언어를 형상화하는 시인의 빼어난 능력을 마음껏 펼치고 있다. 생명의 아름다움을 "잎사귀 꽃더미에 기울인 마음", 죽은 나뭇가지가 바람에 떠는 모습을 "오보에처럼 운다" 새로운 생명을 얻은 나무가 신록으로 성장하는 모습을 "몸부림치는 연둣빛 잎사귀"라고 하였다. 마치 잘 빚어진 달항아리처럼 흠집도 없고 모난 데가 없어 만지기도 아깝다.

3. 디지털 시대의 현실

서연정 시인의 이번 시집에서 가장 두드러진 시적 경향은 이른바 디지털문화와 관련된 AI와 메타버스에 대한 문제의식을 던지고 있는 점이다.

2016년 이세돌 9단과 AI '알파고 21'의 대국은 그간 막연하게 인식되던 AI의 존재를 한국사회뿐만 아니라 전 세계가 실감하게 한 충격적인 사건이다. AI가 더 이상 상상의 존재가 아닌 실체를 가진 존재임을 실감하였다. 즉 인간이 통제할 수 없을 수도 있는 AI에 대한 불안과 그로 인한 디스토피아적 세계관은 AI에 관련된 매우 중요한 화두가 되었다. 현대과학문명은 인공지능으로 작동하는 각종 로봇, 드론을 만들어 살상무기로도 사용하고 있다. 미래에는 인공지능이 어떻게 사용되고, 그것들이 과연 인간에게 어떻게 작용할지 알 수 없다.

특히 휴머노이드 로봇과 같이 도구로써의 AI는 인간의 가치를 위협할 수 있다는 불안감을 증폭시켰다. 도구가 단순히 수단으로 사용되던 기존의 방식, 도구의 목적성에 균열이 발생하였다. 즉 인간과 흡사한 로봇을 볼 때 느끼는 거부감과 혐오감은 앞으로 어떻게 극복할지 인간이 가진 두려움이기도 하다.

한편, 디지털문명의 한켠에 메타버스 시대의 도래에 대한 기대보다도 막연한 불안감이 있다. 이 중에 디지털 통화, 일상의 연장, 연결은 이미 스마트폰의 대중화와 금융을 통해 기술적으로 보편화되었다. 그러나 가속화될 메타버스 시대가 우리의 삶을 어떻게 변화시킬지 주목된다. 아날로그 시대의 삶의 방식에 익숙한 인간들이 눈부신 디지털 시대의 변화에 멀미가 날 지경이어서 현실과 가상세계의 혼돈 속에서 인간다움이 무엇인지에 대한 담론을 진지하게 펼쳐야 할 것이다.

이러한 우리 사회의 변화를 서연정 시인은 새로운 문명의 충격에 대해 질문을 한다.

날마다 새로운 피 외로움을 모른다
부풀어 맑은 얼굴 구김살 없는 눈매
다 가고 홀로라도 좋아 청춘은 발랄한가

열망의 뭉게구름에서 오로지 태어났다
시간을 통과하고 머물러 지배한다
그것이 꽃이라 해도 눈이 시린 이미지

거침없이 오로지 가속 페달 밟는다
대중도 환호성도 닿지 않는 어느 곳
허무를 무너뜨릴까 스물두 살 후예들
— 「오로지」 전문

    평시조 형태의 3수로 이루어진 연시조로 시조의 기본 형식에 충실한 작품이다. 각 수의 초장을 "~다"형 구조로 다음 장들에서 펼쳐질 의미를 예고하는 이미지를 펼쳐서 독자들의 호기심을 유발하는 효과를 거두고 있다.
    모든 생명체는 생로병사의 과정을 통해 생성하고 소멸한다. 그러므로 진시황이 찾았던 불로초는 어디에도 없다. 자연의 섭리에 순응하는 것이 뭇 생명의 운명이다. 인간도 자연의 법칙에 따르지 않을 수 없는 존재이다. 그런데 "외로움을 모"르고, "구김살 없는 눈매"를 가진 언제나 스물두 살인 청년 '오로지'는 젊은 세대가 선호하는 외모를 조합해 만들어진 가상 캐릭터이다. 그러므로 "열망의 뭉게구름에서 오로지 태어났다"고 하는 것이다. 시간의 한계에서 벗어나 있는 이 가상 캐릭터는 시간을 지배함으로써 시간의 지배를 받는 인간과는 다른 모습을 지녔다. '오로지'는 아름답고 잘생긴 모습으로, 인간의 욕망에 의해 태어난 하나의 상품이다. 상품이 지닌 조건들에서 인간은 대리만족을 느끼고 소비한다. 시적 화자는 실재하지 않는 가상현실의 인물이 보여주는 이미지들이 허상인 것을 잘 알고 있다. 그런 까닭에 대중적 인지도를 가진 '오로지'에 환호하지 않을 것이며, 인간의 욕망과 그 이면에 존재하는 허무를 읽어낼 것이다. 진정한 인간의 모습이 어떤 것인지에 관한 질문을 이 작품의 행간 어딘가에 마련해 두었을 것으로 여겨진다.

AI시대를 맞는 시인의 상상력이 어떻게 발현하고 있는지를 「시 쓰는 챗봇」에서 살펴본다.

3수로 구성된 이 작품은 1수에서는 AI가 연보를 외우고, 2수에서는 시를 쓰고, 3수에서는 AI가 쓴 시에 흐르는 그리움의 정서가 진정한 것인가에 대해 의문을 갖는다. 1수와 2수는 AI의 능력을 담담하게 들려주는 목소리로 관찰자 시점의 어조를 보여준다. 마지막 수에서는 화자가 끼어들어 감정을 표현하는 형식이 효과적이다.

　　김소월의 연보를 순식간에 외운다
　　즈려밟힌 '진달래꽃' '개여울'에 뿌리고
　　홀연히 쇠의 가슴에 자라나는 꽃나무

존재를 상상하며 시를 읽고 시를 쓴다
리필할 수 없는 생生을 쉬지 않고 대필하며
한없이 사람의 일상을 연습하는 중이다

새하얀 종이 위에 배열되는 낱말들
낯선 쇠의 흉금을 멍하니 바라볼 때
누구의 그리움일까 꽃송이가 흐른다
- 「시 쓰는 챗봇」 전문

인간의 소통 대상은 인간이 유일하다. 인간이 만든 기계와의 소통은 요원한 것으로 여겨왔다. 시적 화자는 "김소월의 연보를 순식간에 외"우며, "존재를 상상하며 시를 읽고 시를" 쓰는 챗봇에 대해 본질적인 의문을 가진다. "새하얀 종이 위에 배열되는 낱말들"을 보면서 "낯선 쇠의 흉금"에 대해 생각한다. 그리고 "한없이 사람의 일상을 연습하는" 챗봇이 인간과 같은 생명을 지닌 존재인지도 묻는다. 마침내 화자의 의문은 "누구의 그리움일까 꽃송이가 흐른다"고 말한다. 챗봇이 쓴 감정을 표현한 시가 인간의 의식과 같은지 궁금해한다. 단지 기계가 프로그램으로 도출하는 '그리움'이라는 정서가 함의하는 진정한 감정의 표출인지에 대해 의문을 던진다. 시 쓰는 챗봇을 통해 시적 화자는 놀라운 과학의 능력을 경험하며 인공지능을 가진 챗봇의 존재성이 지닌 근원적인 생명성이 무엇인지를 질문하고 있다. 이러한 의문과 질문은 자연적인 생명성과 과학으로 만들어졌지만, 인간이 수행하는 제반의 행위를 할 수 있고, 오히려 그 이상의 능력을 지닌 챗봇에 생명성을 부여할 수 있는지도 알 수 없다. 서연정 시인의 인공지능 관련 시편들은 이러한 원초적이고 본질적인 여러 문제에 관한 질문에서 시작되고 있다.

「AI의 문하」는 자연이 부여한 생명성과 인공지능이 충돌하는 것의 간극에서 시인은 고뇌하고 있다. "이 시대 신흥 종교"가 AI라고 하면서 "외로운 사람이 되어 돌아보는 고향길"의 '외로움', '고향의 정서'를 갖는 화자의 순수하고 고독한 심정을 통해 인공지능으로 인한 인간의 소외를 사색하고 있다.

「밥상머리 교육」에서는 "어른 없는 챗봇네"라는 말이 지닌 상징성인 인간관계의 예의를 모르는 챗봇이라는 기계의 속성을 단적으로 말해준다.

「무인도」는 표정과 감정을 읽어낼 줄 모르는 챗봇이 지닌 기계의 속성을 명쾌하게 밝혀낸다. "챗봇과 의논하세요 빠르게 처리됩니다"라고 라고 할 정도로 일을 신속하고 정확하게 해내는 챗봇이지만, "몇 번을 되물어도 깍듯이 친절하지만/ 손짓 몸짓 하소연은 알아듣지 못한다". 오직 데이터를 중심으로 결과를 도출하는 기술만이 있을 뿐 감정을 읽어내지 못해 챗봇이 "되풀이, 보이는 ARS"라는 기계적 속성을 벗어나지 못함을 지적하고 있다.

「사이렌」은 인간과 AI의 관계를 탐구하고 있다. 인간이 꿈을 이루기 위해 AI와 어떻게 함께해야 하는지를 묻는다. "내 꿈을 돌봐주던 AI가 꿈을 꾼다". 그러므로 "제 꿈에 심취하여 스스로를 돌본다. 미래로 함께 가는 길 사이렌이 울린다". 꿈을 위해 AI와 함께하지만, 그러나 사이렌, 즉 경보가 울린다하며 인간과 AI의 관계가 지닌 친연성의 한계를 드러낸다.

「미래 가족」에서 인류가 지금까지 경험해 보지 못한 가족의 개념이 새롭게 나타나는 것을 예상해 보기도 한다. 우선 "유리로 지은 도시"라는 공간이 낯설게 느껴진다. 셋이 길을 가다가 다가오는 셋과 눈인사를 반갑게 나눈다. 가족의 구성원 셋의 실체는 '사람', '개', 'AI'다. 오늘날에도 반려견은 가족의 구성원으로 포함하기도 하여 개가 가족인 것은 부자연스럽지 않다. 그러나 'AI'라는 인공물이 가족인 것은 상식적으로 이해가 되지 않는다. 싸늘한 금속 물질이 가족이 된다는 일은 끔찍하다. 도저히 일어날 수 없는 일이 일어날 수도 있는 '미래'를 불안하게 상상하고 있다.

> 달집을 지어놓고 화염이 춤을 춘다
> 신명을 부추기듯 텅텅 타는 댓가지
> 소망은 만월을 향해 활시위를 당겼다
>
> 옥토끼의 심장에 화살이 박혔을까
> 달의 산 흔들리고 바다가 출렁였다
> 터질 듯 거친 숨소리 안마당을 달궜다

달에 사뿐 내린다 유영을 시작한다
새순처럼 돋아난 아가미와 날개들
무궤도 롤러코스터 무지개 빙빙 돈다

순식간에 피어나 지지 않는 봄
쏟아지는 함박눈 녹지 않는 눈사람
고독한 무한시간대 원시인이 서 있다
　　　　　　　　　　　－「메타버스 달」전문

「메타버스 달」은 가상공간에서 벌어지는 허구와 허무를 해부하였다. 세시풍속의 하나인 달집 태우기는 우리가 농경민족의 후예임을 증명한다. 달집에 불을 붙이고 그 앞에서 소원을 빌었다. 그런데 불타는 달집 앞에서 둥근 달을 향해 활을 쏘자, 화살이 달을 맞춰 흔들거린다. 옥토끼가 달에 살고 있을 거라는 우리의 믿음도 출렁거렸을 것이다. 달에 내려 헤엄을 치자 아가미와 날개들이 돋아난다. 그리고 "무궤도 롤러코스터 무지개 빙빙 돈다". 정월 대보름날의 민속에 상상하기 어려운 초현실적인 상상력이 펼쳐지는 모습에서 아날로그적인 상상력을 가진 농경민족의 후예들은 아연실색하고도 남을 것이다. "지지 않는 봄", "녹지 않는 눈사람"은 자연의 질서를 차단하고 왜곡시켜 버린다. 현실에서는 있을 수 없는 일이 가상현실에서는 가능하지만, 그러나 이것은 상상력일 뿐 실재가 아니다. 시인은 가상현실의 실체를 규명하고 있다.

　4수로 구성된 이 작품은 시적 대상의 움직임과 이동경

로를 따라가며 시선을 옮긴다. 그러면서도 각 수에서 새로운 장면을 시각적 이미지로 연출하고 있는데, 연시조의 짜임새를 매우 밀도 있게 구성하였다. 마지막 수는 1~3수의 내용을 시인의 감정을 개입시켜 형상화하여 완결하고 있는 방식이 매우 안정되었다. 특히 각 장에서 "춤을 춘다" "당했다" "박혔을까" "출렁거렸다" "달궜다" "시작한다" "빙빙 돈다" "서 있다"며 감정을 절제하는 객관적인 서술형 어미로 처리하고 있어 시의 메시지가 진정성 있게 다가온다.

앞의 작품은 현실에서 맞이하는 메타버스의 한 예를 보여주며 실재實在와 가상假像의 간극에서 진실되고 가치 있는 것에 관한 문제의 본질을 질문하고 답을 구하고 있다.

반면 「메타버스」는 가상현실의 현상과 실체를 공학적인 부분에서 살펴보고 있다. "콘센트와 플러그 탯줄"을 통해 메타버스가 전기 에너지 공급으로 작동하는 기계임을 밝혀내고, "눈바람 아무리 쳐도 젖지 않는" 가상의 현상으로 인간이 지닌 생명성과 삶의 모습과는 전혀 다른 것임을 규명한다. 또한 "무한히 재생", "밤중에도 실시간 증폭된 가상현실", "영상 속의 오로라" 등의 성격이 인간의 실체와는 전혀 다른 존재, 또는 현상으로 인식한다. 이에 반해 생로병사의 순리에 순응하는 인간의 모습을 "늙은 고아여 그대 마음 어디에 접속하나"라고, 접속할 수도, 생명의 시간으로 되돌아갈 수도 없는 체온을 지닌 존재의 유한한 생명성을 노래하고 있다.

「한밤의 영상편지」는 기술문명의 발호로 인한 기술의 편리함 뒤에 남는 허무와 실체적 감각을 느끼지 못하는 아쉬움이 교차하고 있다. 영상에 비친 "부여잡은 옷소매 스르르 미끄러"질 수밖에 없다. 아쉬운 마음에 영상편지가 끝나고 "스크린 잔영 앞에 우두커니"가 된 허망함은 실재와의 만남이 되지 못한 허탈함일 것이다. "미소는 강 건너가고 안개비가 내리"는 모습 또한 직접 만나서 손을 잡거나 안으며 느낄 수 있는 촉감각을 느끼지 못한 안타까움이다. 이 작품뿐만 아니라 서연정 시인의 메타버스와 관련한 모든 작품은 허구와 실재의 실체 사이의 간극에서 발생하는 감정과 정신성을 형상화하는 데 초점이 맞춰져 있다.

4. 나가며

이번 시집은 여전히 현대시조의 형식에 대한 우려가 남아있는 상황에서 서연정 시인의 시적 형식은 논란을 피해 가장 신뢰할 수 있는 범위에서 운용하는 특징을 보여준다.

현대적으로 변용되고 있는 사설시조의 형식처럼 실험과 일탈, 그리고 변조가 때로는 자유시인지 시조인지 구분이 모호한 경우가 있다. 이 지점에서 시조가 시조다운 것은 무엇 때문인지에 관해 묻지 않을 수 없다. 현대시조가 그 독자성과 정체성을 유지하면서 시조만의 미적 감각을 살려 나가려면 시조만의 텍스트성을 인식하고 3장 체제가 손상되지 않는 범위에서 창작이 이루어져야 한다. 그러나 오늘 현대시조의 일각에서는 기본 틀을 무시한 작품들이 실험정신이라는 미명하에 양산되고 있다. 3장의 균제미와 절제미학을 추구함으로써 엄정한 정형시라는 점을 인식해야 한다.

서연정 시인의 시조에 대해 전원범 시인은 "시조 장르가 갖고 있는 그간의 통폐와 안존의 벽을 과감하게 허물고 있었으며, 언어 표현 면에서 특히 시어의 참신한 이미지와 디지털적인 과감한 표현의 실험까지 보이고 있었고, 그러면서도 시조 형식에 대해서는 철저하게 묵수墨守하고 있었다"(『동행』, 2010)라고 하였다. '시조 형식에 대해서는 철저하게 묵수하고 있었다'는 말은 여전히 유효하고 공감하는 대목이다. 형식의 범위를 확실하게 경계 지을 수는 없지만 허용할 수 있는 범위 안에서 운용되고 있는 서연정 시인의 시조는 시조의 독자성과 정체성을 유지하면서 서연정 시인만의 선명하고 분명한 시적 영토를 견고하게 구축하고 있다는 평가가 주어질 것이다.

그의 이번 시조집의 형식은 모두 평시조를 취하고 있었으며, 단시조, 2~4수로 구성된 연시조가 대부분이다. 가끔 각 장의 사이를 벌려 장과 장 사이의 여백에 함축된 이미지와 감정, 메시지를 내장하는 방식을 사용하고 있다. 연시조의 경우 각 수에 독립된 메시지를 담아내면서도 수와 수 사이를 연결하며 하나의 주제를 향한 유기적인 고리를 잇고 있다. 이러한 연시조는 단시조에서는 버거운 다양한 이야기와 사색으로 더욱 큰 흥미는 물론 서정의 깊이를 전달하는 데 유용하게 구사되고 있다.

서연정 시인은 일인칭 발화자 중심의 형식보다는 삼인칭으로 시를 이끌어가는 경우가 많다. 1인칭 서술이 아무래도 화자가 시인인 경우가 많아 감정 노출이 많은 데 반해 3인칭 서술은 객관적인 사고와 시선을 통해 보편적인 메시지를 전달할 수 있는 것이 장점이다. 서연정 시인의 시가 바로 3인칭 형식을 통해 위와 같은 장점을 취했다.

서연정 시인의 첫 시집부터 끌고 온 시적 주제를 요약하면 실존과 생명성을 중심으로 한 인간의 삶의 방식에 대한 모색이라고 할 수 있다. 자신의 길을 가려는 의지를 드러내는 것의 중심에는 근대적 사유가 작동하고 있으며 페미니즘과 광주를 통해 내는 생명성 탐구, '꽃'으로 현현시킨 목소리도 결과적으로 '생명성 탐구'로 집약된다.

『부활의 방식』은 지금까지 시인이 천착해 온 생명성 탐구의 연장선상에서 생명성을 보다 구체화하여 심화시키고 있다. 이러한 시인의 작품에 디지털 시대의 다양한 현상이 새로운 화두로 등장했다. 이런 화두에 관하여 노래한 시편들에서는 AI와 메타버스가 일상에 등장하며 겪게 된 새로운 문명에 대한 충격과 놀라움, 더불어 과학문명의 발호에서 느끼는 불안의식이 투사되어 있다.

자연의 섭리에 따라 생성된 생명과 인간의 기술로 만들어진 AI, 또는 자연물과 인공물의 가치와 이들 간의 관계 설정을 어떻게 해야 하는지에 대한 물음을 던지고 있다.

 이는 인류역사상 한번도 맞아본 적 없는 기술자본문명이 출현시킨 디지털문명에 대한 근원적인 의문과 불안의식은 새로운 과학문명이 인간의 미래에 어떻게 다가와 변화를 줄 것인지에 대한 시인의 관심이다.

 이번 시집은 더욱 나은 인간과 자연의 조화를 기대, 장차 깊숙하게 찾아올 디지털문명에 의해 우리 삶을 유익하고 풍요롭게 하리라는 염원 등을 담은 질문을 던지고 있어 참으로 가치 있고 의미 있는 것으로 기억될 것이다.